Viagem ao Egito,
Jordânia e Israel

Pedro Nava

Viagem ao Egito, Jordânia e Israel

●

Anotações extraídas dos
diários do autor

Copyright © 1998 by Paulo Penido

Direitos reservados e protegidos pela Lei 9.610 de 19.02.1998.
É proibida a reprodução total ou parcial sem autorização,
por escrito, da editora.

1ª edição, 1998
2ª edição, 2004

Dados Internacionais de Catalogação na Publicação (CIP)
(Câmara Brasileira do Livro, SP, Brasil)

Nava, Pedro, 1903-1984.
  Viagem ao Egito, Jordânia e Israel: anotações
extraídas dos diários do autor / Pedro Nava;
[organização Paulo Penido]. – 2. ed. – Cotia,
SP: Ateliê Editorial, 2004.

Bibliografia.
ISBN 85-7480-241-7

1. Diários 2. Egito – Descrição e viagens
3. Israel – Descrição e viagens 4. Jordânia –
Descrição e viagens I. Penido, Paulo. II. Título

04-3467   CDD-910.4

Índices para catálogo sistemático:
1. Diários de viagens   910.4
2. Narrativas de viagens   910.4

Direitos reservados à
ATELIÊ EDITORIAL
Rua Manoel Pereira Leite, 15
06709-280 – Cotia – SP – Brasil
Telefax: (11) 4612-9666
www.atelie.com.br
atelie_editorial@uol.com.br

Printed in Brazil 2004
Foi feito depósito legal

Nota dos Editores

Feliz acaso colocou-nos em mãos o acervo dos escritos de Pedro Nava para reedição do que já foi publicado e aproveitamento e edição do que se encontra inédito.

A reedição não será mera repetição do conteúdo dos volumes de memórias: eles serão confrontados com os originais (conservados hoje na Fundação Casa de Rui Barbosa do Rio de Janeiro), pois, Pedro Nava, além de metódico na preparação de seus textos, recheava-os de anotações, comentários, desenhos. Desse confronto resultará com certeza a descoberta de aspectos relevantes para o estudo do processo criativo do autor, além da extração de preciosa iconografia.

Quanto aos inéditos, não se trata de textos ou trabalhos que Pedro Nava tenha deixado prontos ou inacabados. Resumem-se a diários ou cadernos de anotações nos quais apontou ele suas viagens e cujo histórico Paulo Penido explicita adiante.

Tanto as reedições como a divulgação do material ainda não publicado demandarão, a par de imenso esforço, recursos significativos, estendendo-se por tempo que não será curto.

Tendo a imprensa noticiado o acontecimento, resolvemos apresentar preliminarnamente um fragmento dos diários, que vem a ser as anotações de Pedro Nava referentes à sua viagem em 1958 ao Egito, Jordânia e Israel. Esse trecho consta no caderno 2, que acolhe registros de janeiro de 1955 a abril de 1958.

Dá-se assim o primeiro passo da longa jornada a ser percorrida e os leitores têm uma ligeira amostra do que mais tarde será divulgado.

São Paulo, março de 1998.

Os cadernos de meu tio

Paulo Penido

Aproximei-me pela primeira vez dos papéis e coisas de Pedro Nava quando minha filha Stella, professora de Filosofia, escolheu como tema de mestrado as Memórias: Pedro Nava Visto pela Ótica de Walter Benjamin. *Assim sendo, pediu-me que descobrisse mais coisas de Nava, além das que já tínhamos. Procurei minha tia Nieta, viúva de Pedro, que prontamente se colocou à nossa disposição; em seguida, espalhei a notícia pelo clã dos Penido de Juiz de Fora: foram muitas as cartas, fotos e desenhos que recebemos, dando corpo ao meu acervo de Nava. O tema de tese escolhido por minha filha acabou rejeitado pelos seus orientadores e Pedro Nava foi substituído por Marcel Proust. Stella tirou dez com todas as honras e direitos (pai coruja!), mas perdeu-se ótima oportunidade de uma viagem analítica pelo mundo memorialístico de meu tio.*

Com o falecimento de Nieta, seus pertences foram divididos, conforme testamento, entre meus irmãos e mim. (Impossibilitada de ter filhos, Nieta nos adotora afetivamente; Egberto e eu moramos durante o ano de 1949 no apartamento do casal na Glória — contingências da profissão de meu pai.) Na divisão dos pertences, apanhei toda a papelada que pude; considerei particularmente precioso um dossiê que Nieta mandara fazer com tudo que saíra na imprensa escrita sobre Pedro Nava: ali estavam, além de entrevistas do próprio, crônicas, depoimentos e poesias de figuras como Carlos Drummond, sua filha Julieta, Vinicius, Otto Lara Resende, Prudente de Moraes Neto — enfim, a maravilha agregadora que o Rio era. Venho procurando manter atualizado o dossiê, que a esta altura compõe já três densas pastas, em que pese a ausência — pela dificuldade de acesso — do que saiu na imprensa mineira.

Vindo a saber que a Casa de Ruy Barbosa possuía grande acervo de material de meu tio, resolvi lá deixar quase tudo que estava comigo, inclusive um caderno de anotações de Nava: nele está registrada a escolha do nome Zenite que comporia a personagem de Nieta nas Memórias.

Entre os móveis de minha tia, havia duas arcas de madeira: fiquei com uma e a outra seguiu para S. Paulo com Egberto, que a deixou num guarda-móveis por certo tempo. Quando afinal a levou para casa, achou nela outros cadernos, que me enviou. Dei-me então conta de que Pedro Nava viera ao longo da vida registrando, em forma de diário, com certa regularidade e meticulosidade, suas viagens e apontamentos que lhe pareciam de interesse; e que o caderno que eu entregara à Casa de Ruy Barbosa era apenas um deles. Pedro numerou alguns, estando comigo os de números 2 a 5 e mais seis não numerados; com o deixado na Casa de Ruy somam onze. Os cinco numerados obedecem uma seqüência cronológica e certa organicidade; os demais misturam anotações de diferentes épocas e naturezas. No de número 2 se insere a segunda viagem de meu tio, desta vez ao Oriente Médio; o precedente, supostamente o 1 e que não está localizado, deve registrar a viagem Inglaterra-França-Itália-Portugal (não sei as cidades que visitou), ao todo seis meses em 1948-1949. Achava-me eu, menino, na Europa, e tomei com ele o navio em Lisboa, de volta para o Brasil. Esse primeiro caderno, de destino ignorado, deve ser particularmente importante porque durante essa viagem Pedro Nava escolheu sua especialidade clínica — a reumatologia — e com certeza terá feito considerações a respeito.

Pois bem, dada a relativa complexidade do trabalho de editoração desses cadernos todos, decidiram os novos editores da obra de Pedro Nava antecipar aos leitores um pequeno extrato que, tenho certeza, será de grande proveito não só aos apreciadores da obra de Pedro Nava como aos leitores em geral.

Rio, março de 1998.

Desenho extraído do caderno 2

Viagem ao Egito, Jordânia e Israel

Capa do caderno 2

25.1.58 — Chegada ao Cairo às 3:15 horas (4:05 horas do Cairo). Horas de vôo Roma-Atenas-Cairo: 5:08 horas. Hotel Semiramis, quarto 364. O vôo foi feito a 11000 pés de altura. Nosso quarto com vista sobre o Nilo que contemplei logo ao chegar, coberto dos vapores da madrugada. Visita à Mesquita do Sultão Hassan-el-Rifal, à mesquita de Ibu-el-Toulon, Cidadela (massacre dos mamelucos) e sua estupenda mesquita (tapetes, lampadários e lustre central). Túmulo dos califas (túmulos dentro de uma espécie de mesquita, alguns de mármore, outros de cedro encrustrados de ouro e marfim). Cemitério de 5 km x 1 km com sepulturas desde as mais simples até aquelas que são dotadas de sala de jantar e quartos e onde as famílias se instalam por ocasião da festa dos mortos anual. O aspecto do cemitério é o de ruína, tudo coberto de poeira. Bairros pobres onde o aspecto de miséria é constrangedor. Visita aos Bazares, muito pitorescos. À noite, com Joaquim Ribeiro, Marita, Padre Viegas, D. Laurita... *cabaret*! Música árabe (início das flamencas!) e dança do ventre das mais frenéticas (esboço do passo doble!). As coisas só pareceram *se gater* quando um árabe veio oferecer postais indecentes ao Padre Viegas.

26.1.58[*] — Visita a Mênfis (efígie e colosso de Ramsés II), à necrópole de Sakkarah e Gizeh (os árabes pronunciam Guizá). Pirâmides e esfinge, templo de granito da Esfinge. Almoço no Mena House. Passeio a pé, no Cairo, na ponte dos Leões. A im-

---

[*] Com lápis azul, Pedro Nava anotou sobre as linhas iniciais deste dia: <u>usado</u>.

pressão dada pela Esfinge e pelas pirâmides é esmagadora e de uma desesperadora tristeza. Tudo na grandiosidade egípcia tem um tom funerário que deprime tragicamente. Nada para dar a impressão de solidão como a necrópole de Gizeh. Areia, pedras e deserto.

27.1.58 — Visita a Alexandria. Quatro horas para ir e quatro para voltar, por estrada que corta só o deserto. A vegetação só recomeça ao redor de Alexandria. Visita fracassada, por deficiência dos guias. Vimos apenas o Museu Greco-romano e dois dos palácios de Farouk (luxo pesado, mau gosto esmagador, mistura do que há de feio no oriental e no ocidental. Boa residência para um Luzardo, um Aranha, um Beijo V.). Num dos palácios roupas do rei e da rainha, coleção de objetos pessoais deixados quando do destronamento. Na coleção do rei, pares de algemas de tamanhos diferentes e um chicote de vários braços dentro de um estojo de luxo. Informei-me com o guia: sadista. Vimos a sala da abdicação e o iate Maroussia, que está atracado no molhe de Alexandria. Jantar no Mena House e visita (que valeu o dia) das pirâmides e da esfinge, ao luar.

Nas nossas excursões, no Cairo, fomos sempre seguidos por policiais que nos fiscalizaram, viajando nos *autocars* da Cook.

Na visita à noite, da esfinge, os beduínos acendem, para iluminá-la uma espécie de trocisco que dá uma luz branca, como a do carbureto, e da mesma tonalidade do luar. De frente vê-se a massa negra, que [de] repente se ilumina e a esfinge, dizem os beduínos, *is smilling*, enquanto dura a luz.

Nossa janela no hotel: o Nilo como um lago, não se percebendo a direção de sua correnteza. Sobre a ponte dos Leões.

Entre os objetos da rainha Nariman os dois únicos livros que vimos nos palácios de Farouk: um policial francês e *L'Amant de Lady Chaterley* em tradução francesa. Nenhum livro nos *bureaux* do Rei. Só o do telefone.

28.1.58 — Visita ao Museu do Cairo; coleções admiráveis mas a manutenção do Museu é má. Tesouro de Tutankamon fabulosíssimo. Múmias desde as dos sarcófagos mais ricos, às mais pobres, como uma, dentro de uma cesta. Dedeiras de ouro dos pés e mãos das múmias. Coleções de jóias e, comoventíssima, a dos objetos de uso corrente: domésticos, de agricultura, etc. Almoço no Aeroporto do Cairo e partida para Aman pela Air-Jordan, às 13:19 horas. Às 13:35 horas vista de Suez e do Mar Vermelho. Às 14:25 horas, sobrevoando o Sinai (península e montes). Às 14:35 horas, sobre o Golfo de Aqaba, onde termina geograficamente a África e começa a Ásia.

★

Questão judeu-arabe-sem solução possivel. A exactação de animos entre muçulmanos e catolicos ou cristãos arabes é a mesma. Questão dos refugiados, Minorias arabes em Israel. Bombardeio da Mesquita de Omar, logar sagrado para cristãos, judeus e muçulmanos pois ali está a pedra do sacrificio de Abraão.

KAFIA é o lenço ou chale que usam na cabeça, enrolando o pescoço ou as vezes levantado dum lado e descobrindo uma orelha.

HAGAN uma dupla circunferencia que mantem a Kafia. É sempre menor que a circunferencia do craneo. Usa-se preta na Jordania e de outras côres em outros paizes arabes.

Página do caderno 2

moderna dos franciscanos. Há cortes mostrando que ela foi construída sobre 2 igrejas anteriores, uma Bizantina e outra dos Cruzados, tumulo de Lazaro. Passagem pelo sitio onde se deu o episodio do bom Samaritano e onde existem ruinas de um castelo dos Cruzados. Na estrada há um ponto predi o nível do mediterraneo e depois do qual se desce ainda 400 metros para se chegar ao Mar Morto. Jericó atual construída nas proxi. (bizantina)

Página do caderno 2

Sobrevoamos só terras desérticas, sem sombra de vegetação, sobressolo ora plano, ora montanhoso, roído pela erosão: um rapadouro pior que a nossa Serra do Cipó. Voamos a 3700 metros (altímetro do Joaquim Ribeiro), primeiro na direção sudeste, até Aqaba e, depois, nordeste para Aman, para não sobrevoar Israel. Aterrissagem em Aman, às 15:43 horas, totalizando duas horas e vinte e quatro minutos de vôo. Descemos em Aman, só até o restaurante do aeroporto. Partida de Aman às 16:13 horas. Sobrevoando às 16:23, à esquerda, o Mar Morto e, à direita, o Jordão. Aterrissagem em Jerusalém (Jerusalém de Jordânia) às 16:33 horas. Aman-Jerusalém: vinte minutos de vôo. Cairo-Jerusalém: um total de duas horas e quarenta e quatro minutos de vôo. Hotel Embassador, quarto nº 402, excelente, num prédio moderno e alegre. A impressão da Jordânia é, à primeira vista, melhor que a dada pelo Egito: gente mais bem vestida, soldados bem fardados, nenhum avança para o "baschiche". À noite, passeio de automóvel pela cidade: muito morta, triste, ninguém nas ruas, a não ser soldados embalados em quase todas as esquinas.

29.1.58 — Capela Getsêmani. Igreja das Nações, onde se vê a pedra onde orou o Senhor e mais ao lado aquela onde os discípulos dormiram. Vista sobre o Vale de Josafá e a Porta de Ouro ou dourada, fechada por pedras, e por onde o Cristo entrou em Jerusalém no Domingo de Ramos. Jardim das Oliveiras (era aí a propriedade de Lucas) com as Oliveiras que dizem ter 2500 anos. Gruta de Getsêmani — Sepultura da Virgem e possivelmente de São José e Santa Ana, de acordo com a tradição. Montanha das Oliveiras (Ascensão). Porta de Santo Estêvão (onde ele foi lapidado). Igreja de Santa Ana, sobre o local onde nasceu a Virgem e na qual (como cripta) restos da habitação de Joaquim e

Ana. Piscina probática (onde Jesus curou um paralítico num sábado). Casa de Pilatos (flagelação). Arco do *Ecce Homo*. Mesquita de Omar (rocha do sacrifício de Abraão), mesquita de Al-Aqsa. Ambas no vasto recinto onde foi o Templo de Salomão e que lembram a circuncisão, a apresentação e a discussão com os doutores. Muro das lamentações, com os pregos e pequenas porções de cimento, nas juntas, que os judeus aí colocam simbolizando a reconstrução de Sion. Campo do Hasseldama (preço do sangue) onde Judas se enforcou. À tarde, passeio a pé: Porta de Damasco → Suq-Kahn-Ez-Zeit → Porta de Damasco → Rua Jericó → Hotel.

30.1.58 — Excursão a Belém. No local da Natividade, que era um albergue e que, cheio, fez São José e a Virgem irem para a estrebaria — cavada na rocha, como o resto da casa, estão a gruta de São Jerônimo com seu túmulo e o de suas amigas Santa

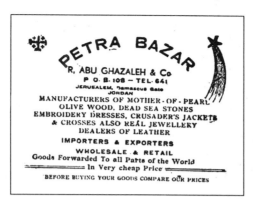

Paula e sua filha Santa Eustáquia e mais o de seu amigo e escriba Santo Eusébio de Cremona. Vimos: o local da nascimento (onde há um altar); o local, um pouco adiante, da adoração dos pastores; a Basílica da Natividade, linda, com mosaicos das paredes e do chão bizantinos, batistério do 5º século, colunas, cada uma com um santo pintado, ícones e ex-votos de primeira ordem; a gruta do leite, feia como uma igreja de Juiz de Fora. Na volta paramos para apreciar numa mesma vista o campo de Booz, o campo onde os pastores viram a estrela e o Herodium, montanha mais alta da paisagem, onde está sepultado Herodes e que os cruzados tomaram como ponto de observação. Ainda no caminho de volta, o túmulo de Raquel. Durante o dia presos no hotel: frio intenso, ventania, neve e chuva.

Muito mais simpático o árabe da Jordânia do que o do Egito — no aspecto, menos feios e, no trato, de uma suavidade encantadora. Ao contrário dos egípcios, falam mais baixo, menos asperamente e com uma tonalidade cantante. São mais próximos de nós, mais "ocidentalizáveis".

31.1.58 — Excursão a Betânia, Jericó, Jordão e Mar morto. Em Betânia, no local da casa de Lázaro, Marta e Maria, igreja moderna dos Franciscanos. Há cortes mostrando que ela foi construída sobre duas igrejas anteriores, uma bizantina e outra dos cruzados. Túmulo de Lázaro. Passagem pelo sítio onde se deu o episódio do Bom Samaritano e onde existem ruínas de um castelo dos cruzados. Na estrada há um ponto que dá o nível do Mediterrâneo e depois do qual se descem ainda quatrocentos metros para se chegar ao Mar Morto. Jericó atual (bizantina), construída nas proximidades mais ou menos das outras duas; a dos cananeus e a de Herodes. Na atual, excavações mostram restos de muralhas dos tempos dos cananeus. Passamos no deserto de São João. A vista da montanha onde houve a cidadela de Macheros. A vista do Monte Nebo onde está sepultado Moisés. Paramos ao sopé do Monte da Tentação de Cristo (ali colhemos um ramo do *Spina Christi*, arbusto que se acredita ter servido para a Coroa) onde há várias covas onde habitaram eremitas até o 5º século. Atualmente, no topo, convento grego. O Jordão corre tortuoso entre margens alegradas pela ve-

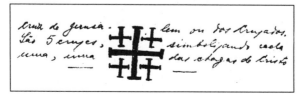

estampinha da Jordânia

getação e depois dessa orla, só o deserto. Paramos no local do Batismo, que é o mesmo da passagem dos israelitas vindos para a terra prometida e de onde Elias foi arrebatado num carro de fogo. Detivemo-nos na margem direita, palestínica. Do outro lado, na margem esquerda, a Trans-Jordânia. Estivemos na praia escura e pedregosa do Mar Morto diante do ponto onde aparecem restos pedregosos que os árabes chamam o Palácio de Lot, de acordo com a tradição que admite que Sodoma e Gomorra estejam no fundo do Mar Morto, que as cobriu depois da chuva de fogo. O Mar Morto é uma espécie de Guarapari da

Palestina para onde vêm os reumáticos, que aí se enterram na areia ou se banham no mar em curas de dez dias. Haverá algum efeito das águas que contêm sais numa proporção de mais de 25%? À tarde, passeio pelas ruas tortuosas, becos e arcadas de Jerusalém. Entramos pela porta de Damasco e saímos pela de Jaffa.

1.2.58 — Via dolorosa. O arco do *Ecce Homo* marca apenas o lugar dessa estação, pois ele mesmo é de construção posterior à existência humana de Cristo. Litostratos. Subida do Calvário. Calvário. Coluna da Flagelação nesta capela. Sepulcro do Senhor. Cisterna da Santa Cruz. À tarde, passeio a pé pelo caminho do Monte das Oliveiras. Crepúsculo belorizontino. Notícias da união em estado único do Egito e da Síria. Não tivemos detalhes pois não se entendem direito as explicações transmitidas pelos informantes.

2.II.58 — Pela manhã, passeio a pé, entrando pela porta de Damasco, rua do Rei Salomão, vielas até a Via Dolorosa, porta Sitti Miriam, cemitério muçulmano à esquerda e fora dessa porta — pela qual reentramos novamente e por vielas e becos voltamos à porta de Damasco — de onde, por fora dos muros, caminhamos até a porta de Herodes. Almoço no Restaurante Omayyah. À tarde, passeio de automóvel ao Horto de Getsêmani, ao alto do Monte das Oliveiras, cortando o fundo do Vale de Josafá, e ao ponto de onde Cristo chorou sobre Jerusalém (há uma capela moderna, construída sobre restos da igreja bizantina com inscrição que determina o local exato: é a chamada igreja do Dominus Flevit.

Questão judeu-árabe — sem solução possível. A exaltação de ânimos entre muçulmanos e católicos ou cristãos árabes é a mesma. Questão dos refugiados. Minorias árabes em Israel. Bombardeio da Mesquita de Omar, lugar sagrado para cristãos, judeus e muçulmanos, pois ali está a pedra do sacrifício de Abraão.

KAFIA é o lenço ou xale que usam na cabeça, enrolando o pescoço ou às vezes levantado dum lado e descobrindo uma orelha.

HAGAN, uma dupla circunferência que mantém a Kafia. É sempre menor que a circunferência do crânio. Usa-se preta na Jordânia e de outras cores em outros países árabes.

3.2.58 — Saída do hotel, no lado da Jordânia, às 10:10 horas. Passagem de fronteira, formalidades, etc. até quase 11. Às 11:30 horas, no Hotel Eden, quarto 42. Passamos de um lado para o outro pela Mandelbaum Gate. Na "terra de ninguém" ruínas dos bombardeios do conflito de 1948. O aspec-

to das ruas de *Jerusalém de Israel* é inteiramente diferente. Desaparecem a *kafia* e o *hagam* e aparecem as barbas rabínicas e o chapelão posto para trás que conhecemos da rua Senhor dos Passos.

Moeda israelense:

1 dollar americano = 1 libra e 80 piastras ou 180 piastras. Cada libra = 10000 prutas (*sic*).

À tarde, visita ao Monte Sião e ao túmulo de Davi (cheio de judeus em oração e no pátio velas acesas em louvor aos mortos de que se não conhece o túmulo, vítimas dos extermínios da última guerra). Visita à igreja vizinha, quase encostada, da Dormição da Virgem (Beneditinos): vimos a cripta onde há uma estátua jacente da Virgem, belíssima, de pedra escura e mãos e rosto de mármore. Visita ao Cenáculo: lugar da última ceia, que foi mesquita árabe. Do seu terraço, vista geral sobre Jerusalém — Sepulcro, Mesquita de Omar, Jardim das Oliveiras, Vale de Josafá e, ao fundo, as montanhas de Moab. Esse terraço está sempre com judeus que oram, olhando para o lado do templo (atual Mesquita de Omar). Visita à vila de Ain-Karen ("fonte do generoso"), antiga Judá, onde está a Gruta do Nascimento de João Batista, cujas rochas aparecem na abóboda da capela que ocupa o local. Ainda em Ain-karen, subimos ao Mosteiro Franciscano, no local de moradia de São Zacarias e Santa Isabel e onde está a igreja da Visitação. No seu jardim há um muro com placas de mármore onde está gravado o *Magnificat* em todas as línguas do mundo. No caminho da volta costeamos o túmulo do fundador do sionismo (jardim-monumento); os pavilhões, uns prontos, outros em construção da Universidade de Jerusalém (atualmente três mil estudantes); e a igreja da Cruz, no Vale da Cruz, onde se diz que Pilatos mandou buscar a madeira da Cruz.

O judeu de Israel não se parece em nada com o tipo padrão do judeu dos *ghetos* que conhecemos e que fora de seu ambiente tem sempre com o gentio a amabilidade cautelosa e desconfiada que é o seu traço. Aqui sua cortesia é a normal e a de quem se sente em casa. Nenhum servilismo. É interessante também verificar que existe alguma coisa além do nosso judeu, vendedor de móveis — aqui vemos o judeu rico, o elegante, o garçon, o operário, o motorista e até o pobre, andrajoso e meio esfarrapado.

Uma mesma cidade, Jerusalém. Mas a Jerusalém na Jordânia e a Jerusalém de Israel diferem como se fossem dois mundos separados no tempo e no espaço. A Jerusalém da Jordânia é uma visão das *Mil e Uma*

Noites, *Mil e Uma Noites* piolhenta, sórdida e colorida, mas sempre *Mil e Uma Noites*. Cheia de movimento de um formigueiro de comerciantes, crianças, soldados, burros de carga e de mulheres e homens de véus e *kafias* policrômicos. É difícil dar a medida de seu encanto e de sua simpatia, de sua profunda humanidade e sua incomparável doçura. É viva como os seus doces de todas as cores, saborosa como o *rahat-loukoum* dos tabuleiros de cada esquina. Cheira a estrume, incenso, amendoim e carne de carneiro. A Jerusalém de Israel é uma cidade do nosso tempo — limpa, normal, americanizada e cheia da força banal do progresso e da criação.

Na igreja da Visitação o nosso cicerone foi o Superior do convento dos franciscanos. Alegre, falante.

majestoso e enfático não dava a impressão de capuchinho mas sim de um ator que estivesse representando o papel de Superior dos capuchinhos.

Descendo da igreja da Visitação, uma das mais fabulosas paisagens que já vi. As montanhas da Judéia sob a luz irreal de um céu liso, compacto, opalescente e sem nuvens — todo avermelhado no poente e leitoso no nascente onde subia a lua cheia. Frio e silêncio. Em baixo o vale cheio de prateleiras de vegetação como degraus na montanha trabalhada. Diante, Ain-Karen acendendo suas luzes e com as ruas cheias de crianças. Dá pena imaginar que toda essa paz seja fictícia e que as populações separadas por poucos metros de casas destruídas e pelos arames farpados da *no man's land*, que corta a cidade de Jerusalém, estejam na realidade afastadas por quilômetros de ódio e de incompreensão — sem perceber que o túmulo de Davi, o Santo Sepulcro e a Mes-

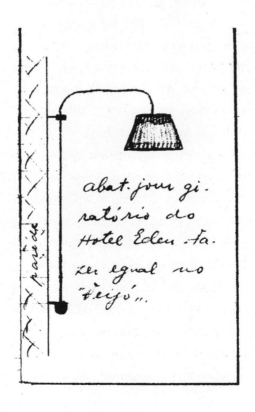

quita de Omar — encostados uns aos outros só indicam a necessidade de coexistência e entendimento. O símbolo a ser tomado seria o da Mesquita de Omar — onde está a pedra do sacrifício de Abraão — sagrada para muçulmanos, cristãos e judeus. A lição da inutilidade da luta está nas construções superpostas: igrejas bizantinas destruídas, reconstrução dos cruzados — destruição das igrejas dos cruzados por Saladino, reconstrução nos tempos modernos. Esse jogo monótono devia parar.

Problemas de Israel: pequena população de 2000000. Aliás, se todos os israelitas do mundo viessem para Israel, ainda assim seriam uma população pouco ponderável diante da massa muçulmana que lhe é adversa, unanimemente, de Marrocos à Índia. Indiferença ou possível hostilidade do mundo cristão. Só uma política muito humana com as minorias árabes e cristãs poderia dirimir aquelas nuvens. Essa política, do ponto de vista realista, é quase impossível porque a luta é por terra

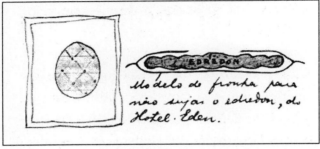

e a expropriação das minorias é fatal. Os refugiados árabes — suas condições nos grandes e inomináveis campos (só em Jericó vimos campos de refugiados contendo 95000) são uma atuação permanente contra a política israelita — tanto mais viva e eficaz quanto testemunhada pela ONU — a cujo cargo estão esses expatriados.

Igreja da Dormição da Virgem — vestígio de bombardeio por parte dos jordanianos. Sua torre é um posto avançado israelense, cheio de sacos de areia. Mesquita de Omar — vestígios de bombardeio por parte dos israelenses, com danos incalculáveis aos mosaicos e vitrais que não têm preço.

4.2.58 — Viagem de Jerusalém em Israel até Haifa em automóvel, por Abu-Gosh → Eshtad → Ramla → Lod → Petah-Tiqva → Hadar-Ramazayim → Hadera → Cesaréia Marítima → Ma'agan-Mikhael → Haifa e, depois, ainda de automóvel, excursão a São João de Acre (Ako). Em Haifa, Zion Hotel, quarto 404. Saindo de Jerusalém, a última visão da cidade e arredores foi a do Vale de Josafá. Logo depois vilas árabes abandonadas pelos moradores ou destruídas em 1948. É notável logo que se sai de Jerusalém o que se vê como trabalho de reflorestamento e reconquista do deserto. Para quem conhece o deserto da Terra Santa, que pode ser muito bem observado por quem voa sobre o Sinai e a Jordânia — ressalta logo a impressão da formidável erosão desse solo. De fato foi o abandono das terras e a destruição das matas que criou o deserto onde antes corria "leite e mel". Se o vegetal vive do solo, por outro lado cria o bom solo, pois é o laboratório onde se fabrica o elemento orgânico que é devolvido à terra. O trabalho de recuperação da terra feito pelos israelenses é verdadeiramente gigantesco. Primeiro os muros de sustentação criando platibandas nas montanhas e impedindo seu desmoronamento para os pântanos. Drenagem desses pântanos por retificação de escoadouros e eucaliptos. Plantação interior de casuarinas, eucaliptos, pinheiros e ciprestes (às vezes a paisagem parece italiana, pelas árvores). Há um estímulo para a plantação que tem aspecto vívico como a de um bosque de 6000000 de árvores — uma para cada judeu morto pelos nazistas — ou de homenagem a outros países, como o "Bosque Kubitschek", plantado no corredor de Jerusalém, próximo de Eshtaol, pelos judeus brasileiros em homenagem ao nosso Presidente. Elemento indispensável ao reflorestamento e ao plantio, a água que é escassa é aproveitada de todos os modos. É tratada como produto precioso como o petróleo: recolhida da chuva em grandes centros de captação, tirada dos poços por estações de *pompage* e distribuída por todo o país através de *pipe-lines* de enorme extensão. Quem vê a fertilidade das terras entre Lod e Hadera e caminha nesse corredor estreito (que em certos pontos permite olhar todo o país, do Mediterrâneo a oeste à Jordânia a leste), cheio de laranjais, vinhedos e bananais, compreende que um deserto pode-se transformar em terras domesticadas. É a paisagem que se vê em Israel reconquistada das areias, cruzada de estradas estupendas cheias de caminhões, carros-tanques, tratores e *bueldozens*. Em toda a extensão de Jerusalém e Haifa vi uma única carroça de tração animal e só um menino descalço. A impressão de vida, trabalho e prosperidade é a mesma que se tem atravessando o Oeste Paulista.

*

No nosso trajeto passamos em Ramla (terra de José de Arimatéia); Lod (pátria de São Jorge, o do dragão e padroeiro dos ingleses); Petah-Tiqva (magnífico hospital); Universidade de Barilan; Cesaréia Marítima (ruínas romanas), depois do que a paisagem começa a se tornar montanhosa e a desenhar os contrafortes da vasta cadeia do Monte Carmelo (de onde Elias subiu aos céus num carro de fogo); Castra Peregrinorum, vista ao longe, junto ao mar, último reduto dos cruzados em Terra Santa. Chega-se a Haifa costeando o Mediterrâneo e à vista dos lagos artificiais para criação de carpas — elemento básico da alimentação em Israel e que dá a cota de proteínas que não pode vir da carne porque os rebanhos só servem para dar leite e são escassos, como a criação de aves que é ainda insuficiente. Chegando vêem-se as grutas do Monte Carmelo numa das quais se achou o *Homo Carmelis* (100000 anos a.C.).

*

Em Petah-Tiqva visitei o magnífico Beilinsin Hospital: 800 leitos. Pessoal: 1,2 por leito (nos Servidores 5 por leito!). Médicos, cerca de 100. Departamentos de 35 leitos (em enfermarias de 5 a 6 leitos) cada e dois isolamentos para os casos especiais. É hospital mantido por fundos de previdência aos trabalhadores. Policlínica reumatológica aberta há poucas semanas. Pós-graduação para médicos. Biblioteca (predomínio de livros e revistas de língua inglesa). Centro de pesquisas de primeira ordem como equipamento e organização (conselho técnico que julga os projetos de pesquisa e dá o roteiro para as mesmas quando julga que o assunto merece ser levado em consideração — o que tentei nos Servidores e ninguém entendeu porque ali o Centro de Pesquisas serve de *hobby* para bestalhões como o M. Instrumentos de precisão (fotometria, eletroforese) feitos em Israel. No hospital não há distinção de classes e realmente o tratamento na classe única é de primeira ordem. A impressão do visitante no hospital é excelente: construção moderna e harmoniosa, funcionalidade perfeita, corredores vazios (sem o aspecto de *gare* dado nos Servidores) e de perspectivas magníficas, pintura cinza harmonizando-se com os elevadores, móveis, portas de metal como alumínio e inoxidável. Varandas envidraçadas à Niemeyer. Instalações primorosas. Não há no Rio um único hospital que lembre de longe esse hospital asiático. Fui recebido pelo administrador e depois pelo Dr. S. Gitter que pediu que lhe mandasse as Memórias do Instituto Oswaldo Cruz e do Butantã (ofereci também o *Brasil Médico*) para: Library of Beilinson Hospital — Petah-Tikva — Israel.

*

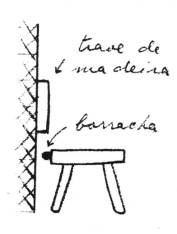

Tipo de banco de espera, muito prático dos corredores do Beilinson Hospital: trave de madeira, como encosto, parafusada na parede; borracha para o banco não arranhar a parede. Melhor seria parafusar o banco no chão.

*

Cesaréia Marítima. Ruínas de um admirável foro com duas estátuas masculinas colossais — uma de pórfiro e outra em mármore. Essas ruínas (as desse foro) foram descobertas casualmente ao se trabalhar o chão com tratores. Ruínas do Porto

Romano e de aqueduto que trazia água do Monte Carmelo à Cesaréia.

*

Depois do almoço em Haifa, visita ao Monte Carmelo (frades) e igreja Stella Maris, cujo altar-mor é construído sobre a gruta do profeta Elias que se vê e visita. Imagem milagrosa da Virgem do Carmelo de madeira colorida mas com um pé de prata que se beija ou toca. Belvedere sobre a cidade divisando-se um panorama que lembra Nápoles e de onde se vê a cúpula do mausoléu e do Centro Bahaísta. Essa religião, amálgama de todas, junta na mesma adoração o Cristo, Mafoma e Buda. É uma interlíngua das crenças humanas. Seu criador, bem intencionado (Bahai?), naturalmente olhando o que se passa na Terra Santa, teve essa idéia pacificadora. Acabou executado e mártir, no século passado. Visita depois a São João de Acre, capital da Galiléia ocidental, antigo bastião dos Cruzados (muralhas otomanas, mesquita e a admirável igreja de Santo André, bizantina, com um paravento bizantino cheio de quadros de ícones e onde se abre a "porta real" por onde passa o bispo para o altar-mor.

*

As correntes imigratórias para Israel correm com mais forças dos países onde lavra maior anti-semitismo. No início Europa. Agora África do Norte e países árabes. Parece que esses sefardins é que constituem o grosso das tropas israelenses. Na realidade os soldados de tipo longilíneo e enxuto e muito morenos (a maioria) contrastam com o tipo comum do judeu alourado e cor de fiambre que predomina no resto da população. Não será esse elemento fortemente mesclado do árabe que dá a combatividade ao exército de Israel? A perseguição nos países árabes estaria assim concorrendo para o fornecimento de boa carne militar aos judeus. O serviço militar é obrigatório (homens, dois anos e meio; mulheres, dois anos).

5.2.58 — Viagem de Haifa a Tel Aviv, em automóvel, por Nahalal → Nazaré → Kafr Kanna Tur'an → Keffar Hittim → Tiberíades → Magdala → Migdal → Monte das Beatitudes → e volta pelos mesmos pontos em torno ao lago Tiberíades, prosseguindo por → Beit-Yerah → Kafr-Kanna → Kefar Tabor → Monte Tabor → Afula → Megido → Ara → Hadera → Beit.Yits-Haq → Netanya → Tel Aviv. Em Tel Aviv ficamos no Ramat-Aviv Hotel, *bungalow* nº 53. O hotel tem pavilhão central e vilas no jardim. Logo saindo de Haifa visitamos o *kibutz* Iagur, que reúne 1500 habitantes. Há casas para as famílias, isoladas. Em comum, enfermarias, hospital, cozinhas, refeitórios (onde está o cinema e onde se dança e há reuniões). Há creches onde, enquanto trabalham os pais, ficam as crianças, separadas por idades. Escolas. Há revesamento de três em três meses para os trabalhos no jardim, cozinha, limpeza, cuidados dos animais domésticos, etc. A vida é em comum:

mesmo os presentes que um recebe vão para uma central de distribuição. Há bibliotecas. Em toda Israel há 270 *kibutz*. A direção pertence a um comitê eleito anualmente. Há *kibutz* socializantes, religiosos, conservadores. Não se admitem comunistas. O aspecto do *kibutz* que visitei não é dos mais agradáveis.

Pouco cuidado, desornado, e com a tristeza impessoal e nua dos internatos, das casernas e das prisões. Perto do rio Kichon, passamos no local onde o profeta Elias e os israelitas massacraram os quatrocentos sacerdotes de Baal. Passagem pelo Vale Esdralon (Campus Magnum, dos Cruzados) recuperado e reflorestado.

Em Nazaré visitamos a igreja onde está a gruta da Anunciação, local da oficina de São José. Gruta da Sagrada Família. Sinagoga onde Jesus vinha orar e onde fez a primeira prédica: hoje é templo católico. Mercado árabe de Nazaré: em pequeno aspecto o que foi visto em Jerusalém. Fonte da Virgem em Nazaré. Passagem por Caná (atual Kafr Kanna) onde foi transformada a água em vinho: há uma igreja no local onde se realizaram as bodas e onde se processou o primeiro milagre do Senhor. Essa igreja está construída sobre os fundamentos de outra, primitivamente existente, bizantina, de que há restos. Passamos pelas montanhas chamadas os Cornos de Hittin onde os Cruzados foram derrotados por Saladim em 1187.

Lago Genesaré ou Tiberíades (200 metros abaixo do nível do mar): visita à igreja de São Pedro. Excursão contornando o lago para seguir para Cafarnaum e Monte das Beatitudes. Entre Tibérias e Migdal, umas poucas ruínas mostram o local Magdala onde nasceu Santa Maria Madalena. Local da pesca miraculosa. Tabgha: igreja da multiplicação dos pães e dos peixes. Mosaicos bizantinos nesse templo, chamado igreja do Milagre dos Pães e Peixes. Subindo para o Monte das Beatitudes vêem-se os restos do templo dos Cruzados. Cafarnaum: escavações descobriram vários objetos de pedra de época pré-israelita — prensas para azeite, pilões e moinhos para pão, *pressoir* de vinho. Há aí ruínas de sinagoga (arte greco-romana), só se identificando a sinagoga pelo fato de estarem esculpidas nas colunas estrelas de Salomão e Davi e o candelabro de sete ramos. Junto dessa sinagoga e do atual Convento dos Franciscanos, ruínas de capela octogonal bizantina, que se admite ter sido construída sobre a casa de Pedro. Monte das Beatitudes (Sermão da Montanha): igreja, hospedaria para peregrinos. Vista admirável sobre o lago Genesaré. Almoçamos em Tiberíades de onde prosseguimos para o sul em direção de Beit-Yerah, descortinando um panorama soberbo do Vale do Jordão (lindo como o

Vale do Tejo, em Santarém); do outro lado do lago, Monte Hermon (Síria), coberto de neve e as montanhas da Jordânia. Passamos circulando o Tabor (Transfiguração). É um monte regular como uma calota e inteiramente isolado dos outros que o circundam. Tem mais ou menos esta forma:

No seu cume, Convento Franciscano. Circundando-o passa-se aos campos de luta de Débora, de Gedeão e há um momento em que se vêem ao mesmo tempo o Tabor e o Monte Precipício. Passamos ainda por Afula e por Natânia, pegamos a estrada, rente ao Mediterrâneo, até Tel Aviv.

*

Águas de Tiberíades — boas para reumatismo. Em torno do lago há várias fontes ferventes aproveitadas para banhos terapêuticos. Há também ruínas de banhos romanos.

*

Há uma vila (passamos ao longe) de judeus chineses. Aliás, os há também quase pretos.

6.2.58 — Almoço e passeio em Tel Aviv. A cidade, como toda em crescimento, é cheia de aspectos provisórios, com uns trechos terminados e outros em começo, cheia de terrenos baldios e ruas sem pavimentação. Pé direito dos prédios de cerca de cinco andares. Arquitetura utilitária e sem gosto, do moderno sintético não por simplicidade mas por economia. Lembra vagamente uma Juiz de Fora — quatro vezes maior. Maior não na qualidade e sim na quantidade. Uma Juiz de Fora imaginária, com três avenidas Rio Branco, quatro ruas Halfeld e cinco ruas do Espírito Santo. A praia, muito bonita, com estreita faixa de areia fina e escura. Jaffa, em continuidade, é, como toda aglomeração árabe, uma seqüência de ruas de aspecto piolhento. Mas não há mais árabes.

*

O entusiasmo do judeu atual construindo Israel deve ser o mesmo dos hebreus que atravessaram o Mar Vermelho e vieram derrubar os muros de Jericó a trombetadas.

*

Judeus ingleses, franceses, alemães, polacos, chineses, negros, mulatos (porque os há!) — é difícil imaginar o que sairá desse *melting-pot* que é a Israel moderna.

*

Festa das árvores em Tel Aviv. Distintivo vendido pelos meninos:

7.2.958 — Transporte cedo, do hotel ao aeródromo de Lod. Embarque e partida às 10:30 horas num colossal *whispering grant* Britannia da El-Al. Chegamos ao aeródromo Yesilköy em Istambul às 12:55 horas, tendo feito exatamente 2:55 horas de vôo, a 600 km por hora e a 9000 metros de altitude. O avião é um motor-jato. À tarde, passeio pela margem de Bósforo, desde as visitas do Mar de Mármara às do Mar Negro. Fora os palácios e mesquitas. Istambul é mera cidade *belle époque*, rococó, de construção recente, que substituiu a velha cidade de casas e palácios de madeira (o sultão não admitia que os súditos tivessem casas de pedra e tijolo, que pudessem parecer fortalezas contra ele). Bairros modernos em construção. O nosso hotel, infecto como o *Deux Mondes* de Paris.

8.2.58 — Visita à cidade em *autocar*. Visita à Mesquita Azul de Achmed I, à praça onde foi o hipódromo e que conservou a sua forma (como a Piazza Navona) e onde estão o obelisco de Constantino, a coluna das serpentes (bronze, botim das guerras dos gregos e persas) e um obelisco egípcio. Visita a Santa Sofia (hoje museu). Na Mesquita de Santa Sofia, quatro representações de anjos apenas por um trançado de seis asas, mais ou menos como ao lado.

Visitas sobre o Corno de Ouro e sobre o Bósforo. Do lado asiático o hospital considerado como o lugar de nascimento da enfermagem moderna, pois foi onde trabalhou Florence Nightingale durante a Guerra da Criméia. Visita ao Palácio dos Sultões e seus tesouros (roupas, armas, cobres, pratas, porcelamas. Visita ao Bazar de Istambul. Almoço no Restaurante Abdullah.

9.2.58 — Partida de Istambul por um *Viscount* quadrimotor da British European Airways...

No dia 4.4.58, prosseguindo na viagem anteriormente relatada, Pedro Nava achava-se em Lisboa, hospedado no Hotel Avenida Palace. Antes dos apontamentos do dia 5.4.58 ele anotou, sem comentários, a seguinte

Receita de molho do bife "escondidinho"

Na frigideira põe-se:

    1 colher de sopa de manteiga
    (à bruta)
    Sal, o necessário
    Mostarda escura
    Molho inglês
    Xerez seco

Deixar engrossar um pouco e repassar aí, apertando-o, o filé que já deve estar pronto, sem tempero.

●

Este livro foi impresso na
LIS GRÁFICA E EDITORA LTDA.
Rua Felício Antonio Alves, 370 – Jd. Triunfo – Bonsucesso
CEP 07175-450 – Guarulhos – SP – Fone: (011) 6436-1000
Fax.: (011) 6436-1538 – E-Mail: lisgraf@uninet.com.br